LE
COMMUNISME,

PAR

G. RABEYRIN,

PROFESSEUR A LYON.

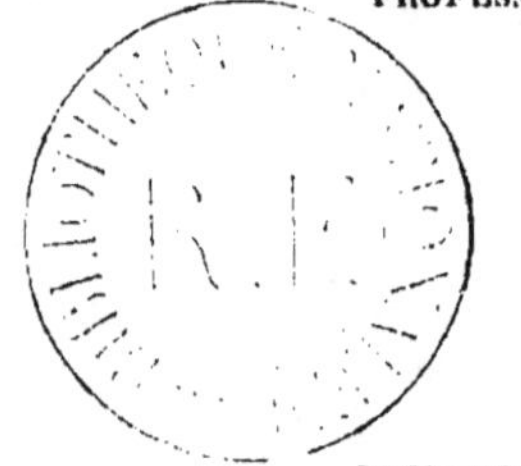

Prix : 15 Centimes.

PARIS,

AU BUREAU DU POPULAIRE,

18, rue J.-J.-Rousseau.

1848

LE COMMUNISME.

Le bonheur n'est pas dans l'Individualisme ; revenons à l'Association ; peut-être la communauté est-elle le seul principe de vie pour tous.

(SOCRATE.)

Alors la terre était commune ; alors aucune limite ne divisait les champs ; d'instinct, les hommes travaillaient à féconder la Nature au profit de la Société, comme l'abeille enrichit la ruche, comme la fourmi emplit les greniers, et les récoltes étaient à tous, comme l'air et la lumière du soleil.   (Richard LAHAUTIÈRE.)

Qui n'est pas Communiste n'est pas Républicain, et qui n'est pas Républicain, n'est pas dans la tradition humaine. — On veut vous éclairer et non vous brûler ; on veut vous aplanir par la Fraternité, la route heureuse de l'avenir. Calmez donc vos craintes ; n'engendrez pas les réactions, et ne faites plus du mot de Communiste, un mot d'épouvante.

(ANONYME, dans l'*Organisateur lyonnais*, n. 23.

L'homme est un loup pour l'homme.

(UN PHILOSOPHE ANGLAIS.)

C'est quelque chose d'inoui, de révoltant, aujourd'hui que tout tend à la réalisation de cette grande triologie humanitaire, Liberté, Egalité, Fraternité, que de voir avec quelle rage des hommes qui proclament l'émancipation sociale et intellectuelle, s'acharnent sur d'autres hommes qui croient qu'on ne peut arriver au vrai bonheur de l'Humanité que par la Communauté, c'est-à-dire, par une solidarité, une dépendance complète, absolue, entre tous les membres de la grande famille humaine.

Quelle honte ! quelle infamie ! quel scandale ! Sont-ce bien des Républicains qui osent attenter à la liberté des opinions en disant à des êtres crédules et ignorans : « Acceptez celui-ci, repoussez celui-là. Nous n'en voulons pas ! » Persécuteurs de la pensée, si vous êtes de bonne foi, vous êtes bien aveugles ! et si vous agissez en connaissance de cause, vous êtes des faux-frères, des calomniateurs de première classe, des brouillons qui voulez diviser pour nous imposer vos pernicieuses maximes, vos principes anti-fraternels. Quand on voit tout ce que vous faites, quand on entend tout ce que vous dites, on serait tenté de croire que vous voulez exploiter la République à votre profit, que vous voulez, vous aussi, nous escamoter les conséquences de notre glorieuse Révolution de Février. La République est-elle une marâtre qui aime par caprice quelques-uns de ses enfans et qui hait les autres par un motif dicté par la cupidité ou par un esprit de haine ? Est-ce qu'elle ne leur doit pas à tous amour et protection ? Est-ce qu'aujourd'hui tous les Français ne sont pas citoyens, enfans d'une même Mère, et libres conséquemment de parler, d'agir et d'écrire pour le salut de la Société en souffrance ? Ne comprenez-vous pas, hommes passionnés, que vous ravalez, que vous rapetissez la République en suscitant des animosités, des divisions entre ses membres, et que vous-mêmes n'êtes que des pygmées, des hommesmachines, indignes du titre de Républicains, dont vous vous targuez injustement, quand vous semez la zizanie, l'intolérance entre des frères qui ne peuvent améliorer leur sort qu'en s'unissant, qu'en s'aimant, qu'en se supportant tous mutuellement, qu'en se pardonnant, qu'en oubliant entre eux, tous les sujets de discorde qu'ils croiraient avoir?

La persécution et l'injure est le propre de la faiblesse, de l'impuissance; ainsi, celui qui n'a pas la force de frapper, insulte en crachant ou en déchirant avec ses ongles; mais l'homme fort, qui a le sentiment de son droit, que l'amour de la justice possède, est tolérant, est patient, est aimant, est dévoué.

Vous savez bien que le progrès ne rebrousse pas. Croyez-vous donc, hommes intéressés et à conception étroite, que ce sont vos mesquines persécutions, vos attaques incessantes qui arrêteront la marche du Communisme, et qui l'empêcheront de s'établir quand son heure aura sonné? La Nature élabore longuement; souvent il lui faut des siècles pour préparer les voies; mais comme il faut un temps à tout, le moment de la conception arrive enfin, et rien ne peut la retarder. Quand le volcan a bien menacé par ses mugissemens, ses convulsions, il éclate enfin; alors, des feux se font jour, des roches brûlantes sont lancées dans l'air, des laves dévastatrices se répandent en tous lieux, et des quantités énormes de cendres, vomies par le cratère en fureur, vont combler les cités et les vallées profondes; les révolutions humaines ont de l'analogie avec les révolutions de la Nature; les Peuples révoltés et opprimés qui tout à coup secouent le joug, qui se répandent par les villes et les campagnes le fer et la flamme à la main, sont les fidèles images des laves torrentielles qui s'émancipent, semblables au Phlégéton qui ne roulait que des ondes de feu.

La compression ne produit que la désolation : la force s'accroît en raison de l'obstacle ; l'oppression engendre la colère; la calomnie produit la haine, l'injustice provoque la vengeance; l'émeute enfin surgit toujours de la tyrannie, sous quelque apparence qu'elle se déguise.

George Sand l'a dit, elle qui se dit Communiste, dans son article : Aux Riches : « Avant un siècle, la France sera Communiste. » Tout annonce que cette prophétie se réalisera, peut être bien plus tôt, car l'esprit d'association, de confraternité, d'égalité, fait des progrès étonnans.

Soyez donc raisonnables, soyez donc calmes, hommes qui vous dites Républicains, qui vous croyez illuminés d'en haut, qui vous dites embrasés de l'amour de l'Humanité, de la charité; qui invoquez Jésus-Christ et son Évangile pour nous prouver la sincérité de vos intentions toutes fraternelles, dites-vous. Armez-vous, avant tout de l'esprit de tolérance, de désintéressement; réformez vos mœurs, parfois équivoques; soyez économes, avares de votre temps; ne le consumez pas en de vaines disputes; instruisez-vous; ne jugez que ce que vous connaissez bien; ne prononcez jamais sur des cas douteux, sur des doctrines sociétaires, qui demandent de la sagacité et du temps pour les connaître; laissez faire ceux qui étudient spécialement ce qui concerne vos intérêts en général; ne jetez pas le découragement dans leurs ames par vos cris, vos vociférations sauvages; montrez-vous dociles, désireux de connaître la vérité, reconnaissans pour les hommes de dévoûment qui vous consacrent leurs talens, leur intelligence, leur temps, leur vie enfin.

Laissez faire, chaque chose arrive à son terme : si le Communisme est mauvais par essence, l'avenir en fera raison ; c'est un juge infaillible que vous ne pouvez récuser ; tous les efforts humains ne peuvent entraver que momentanément l'œuvre de la justice et de l'expérience ; c'est ce que le citoyen Anselme Petetin, dans une circulaire aux Électeurs, appelle : L'impuissance de la force. Napoléon n'a-t-il pas dit : La force est impuissante à rien fonder ? Mais, au contraire, si le Communisme est bon de sa nature, rien ne pourra empêcher qu'il ne s'établisse ; vos clameurs, vos injures ne produisent que du scandale et font douter de votre moralité, de votre intelligence, de votre désintéressement.

O folie ! ô aveuglement ! ô aberration étrange ! ô honte de notre époque ! des hommes insultent d'autres hommes, des frères menacent des frères, des Républicains jettent le sarcasme et l'injure à d'autres Républicains ! La tribune citoyenne, où ne devraient s'agiter que des questions d'un intérêt général, est témoin, chaque soir, d'agitations, de bruits, que l'esprit de parti individuel peut seul inspirer. Malheureux citoyens ! ne comprenez-vous pas que vous reculez de bien loin ce bien-être que vous désirez tous, auquel toutes vos aspirations se portent avec ardeur ? Ne voyez-vous pas que vos discordes, vos querelles font la joie de vos ennemis ? Voltaire a dit : « Tout est bon à la guerre, pourvu qu'on tue ; » de même vos adversaires acharnés, disent : « Tous les moyens sont bons, pourvu que nous les divisions. »

Ce sont eux qui sont les moteurs secrets de vos animosités anti-républicaines ; ils rient, dans leur barbe, quand ils vous ont mis en main le brandon de discorde ; ils attendent, témoins de vos combats, afin de profiter sans péril des fruits de votre défaite, car la désunion ne peut amener qu'un *sauve qui peut*. Rien ne peut vaincre l'union, et vos ennemis le savent si bien, qu'ils n'espèrent vous vaincre que par la division ; et s'asseoir ensuite sur les débris provenus de vos mésaccords, ferait leur félicité suprême.

La postérité pourra-t-elle le croire un jour, quand on lui dira que c'est du sein du Gouvernement provisoire, de ceux qui devraient donner l'exemple de la justice, de la modération, que part cet esprit d'intolérance, ces ordres arbitraires donnés à des commissaires, qui vont ensuite les répandre dans les départemens, les infiltrer dans toutes les classes, surtout dans la plus nombreuse et la plus pauvre, conséquemment la plus facile à égarer, à séduire, à tromper. La Démocratie est le règne de tous ; et si tels et tels avaient le pouvoir d'imposer telle et telle croyance, telle et telle opinion, ce serait encore le règne de l'aristocratie, de la richesse : on verrait bientôt l'anarchie naître d'un tel état de choses.

Le philosophe, le moraliste, le publiciste, l'écrivain, le poète ont le droit en tous temps, sous tous les régimes, et particulièrement sous celui qui se qualifie de régime de liberté et de fraternité, d'émettre leurs pensées, de publier leurs méditations sur l'avenir et l'amélioration de la Société. Qu'importe que ces méditateurs soient des apôtres de Saint-Simon, ou de Fourier; de Cabet ou de Pierre Leroux ? Qu'importe que ces disciples soient ceux des éclectiques Cousin et Guizot ? La liberté de la pensée doit être libre comme l'air ; et nul n'a le droit d'entraver la marche d'un homme, quand ses actions se rapportent au bien-être, au bonheur commun. Alors, la persécution est un crime, la résistance est le plus saint des devoirs ; en pareil cas, la longanimité serait une faiblesse, l'indifférence, une honte, la patience, une lâcheté. Platon a dit que la neutralité est un crime ; Solon voulait que tous les citoyens eussent un parti et qu'aucun ne restât oisif.

Dans le cas dont il s'agit, votre outrecuidance est des plus téméraires, des plus étranges ! Nous avons notre manière de voir, nous la croyons bonne, et vous voulez nous empêcher de le dire ; vous voulez que nous mentions à nous-mêmes pour vous complaire, pour ne pas froisser vos préjugés religieux ou d'éducation ! C'est un peu fort.

« Icariens, renonçons à notre condescendance, est-il dit dans le *Po-*
» *pulaire*, n. 55, renonçons à notre réserve ! Et puisqu'on est sans
» égards et sans justice envers nous, acceptons la discussion ; luttons
» courageusement par la parole ; parlons ferme et haut, et la vérité
» triomphera par la persuasion ! »

C'est en vertu de cette allocution, dictée par l'indignation, que nous avons été indignés nous-même et que nous avons pris la plume.

George Sand, cet organe si avancé de la démocratie, cet avocat sublime et chaleureux du pauvre, cet interprète éloquent des droits et des intérêts des exploités, a dit aux riches, dans sa magnifique apologie du Communisme, insérée dans le *Populaire*, n. 52 :

« Il existe parmi vous des fanatiques de la richesse, des monarchistes
» exaltés qui auraient applaudi à un massacre général du Peuple le
» 24 février. Cette antipathie, cette haine cruelle, n'est pas nouvelle ; toujours les défenseurs de l'Humanité, des droits violés, ont payé de leur vie ou au moins de leur repos, leur généreuse résistance ; le moine Télémaque fut victime de son amour pour ses semblables, quand, au nom du Christ, il voulut s'opposer aux jeux cruels des Romains qui jetaient en pâture des êtres humains aux monstres des forêts, ou qui s'exerçaient à des jeux sanguinaires pour amuser un peuple stupide qui applaudissait frénétiquement aux combats de gladiateurs, à ceux des bêtes féroces, aux courses des chars qui n'avaient jamais lieu sans victimes. Aujourd'hui encore l'Espagne. le Portugal, le Midi de la France ont leurs mœurs entachées d'un reste de sauvagerie païenne, puisqu'on y voit se renouveler les mêmes scènes de sang et de carnage ; tache que la civilisation qui grandit fera bientôt disparaître, il faut l'espérer.

Ainsi que les conservateurs païens de l'ancienne Rome qui criaient : « Les Chrétiens aux lions ! » Ainsi les conservateurs modernes crieraient aussi volontiers : « Les Communistes aux lions ! » et cela se conçoit : les persécutions dont le Communisme est menacé sont le plus bel éloge que l'on puisse faire de la beauté, de la pureté de sa doctrine. Les hommes ne s'acharnent tant contre lui, qu'en raison des passions qu'il attaque en eux, des vices qu'il met à découvert, et des sacrifices qu'il leur commande : le renoncement, c'est là le *nec plus ultra*. Qu'on se rappelle ce jeune homme riche de l'Evangile. admirateur de Jésus et de sa doctrine, et qui cependant le quitta sur ce que le divin maître lui disait : « Voulez-vous être parfait ? Vendez ce que vous avez et donnez-en le produit aux pauvres. »

« Ce jeune homme s'en alla fort triste ; car il avait de grand biens, » ajoute l'Evangile.

Jésus savait combien il était difficile de persuader aux riches de partager avec leurs frères, quand il leur disait : « Il vous est dur de regimber contre l'aiguillon. »

Il est dans la nature de ce qui est beau, de ce qui est grand et généreux de provoquer la haine et la veangeance des intéressés. Le Christianisme a servi pendant des siècles de point de mire aux attaques, aux calomnies des riches et des grands, parce qu'ils haïssaient en lui cet esprit de simplicité, de modération, d'abnégation, d'égalité, de fraternité qui tendait à les dépouiller de leurs richesses et de leurs titres, et qui était une censure perpétuelle, importune de leur cupidité, de leur sensualité, de leur orgueil.

De nos jours, les mêmes causes produisent les mêmes effets. Si le Communisme flattait leurs passions ; s'il se déclarait le défenseur du riche contre les murmures du pauvre ; s'il proclamait la légitimité de la propriété ; s'il croyait à la légalité des titres, l'inégalité des conditions et des intelligences ; s'il voulait regarder les rois *comme les représentans de Dieu sur la terre* ; s'il faisait scission avec la République : oh ! alors, on le proclamerait une doctrine de bon goût, de *bon ton*, de *bon genre*, sublime dans son essence, grande dans ses résultats, morale au superlatif, en un mot, ce serait *quelque chose de divin* ; ce ne serait plus *le hideux Communisme*, selon l'expression de quelques conservateurs. Tous les soi-disant républicains qui déblatèrent maintenant contre lui, le défendraient avec la même énergie qu'ils mettent à le calomnier.

Mais vous, qui vous croyez généreux, éclairés, moraux, qui vous dites hommes du progrès, qui combattez l'erreur partout où elle se rencontre, qui forcez l'ignorance à rentrer dans la nuit d'où elle n'aurait jamais dû sortir, qui attaquez l'intolérance corps à corps : comment se fait-il que vous vous déclariez ennemis du Communisme ? Le Communisme ! c'est le républicanisme, c'est le radicalisme de la pensée mis en pratique ! c'est tout ce qu'il y a de plus pur, de plus désintéressé, de plus chrétien, de plus fraternel ! Si vous attaquez les Communistes, vous attaquez les Phalanstériens, les Socialistes qui tendent à se fondre avec le Communisme, vous vous faites les antagonistes des écrivains les plus avancés de notre glorieuse époque, tels que Lamennais, Pierre Leroux, Cabet, Raspail, Louis Blanc, Victor Considérant, Alexis Dumesnil, Robert Owen, George Sand, et bien d'autres encore qui écrivent pour l'émancipation de l'espèce humaine, qui défendent la majorité opprimée par la minorité, à l'exemple de leurs devanciers Saint-Simon et Fourier.

George Sand a dit : « Le présent est le domaine de la majorité, comme l'avenir est celui de la minorité. » Nous acceptons pleinement la signification de ces paroles, car elles nous annoncent le futur établissement d'une République sans distinctions, sans persécutions, sans jalousies ; une fraternité, une égalité dans toute la rigueur du mot ; une liberté de penser et d'écrire, d'agir et de parler, sans criailleries, sans clameurs, sans insultes, sans menaces odieuses ; enfin une Communauté telle que Jésus-Christ l'a prêchée, telle que ses apôtres l'ont annoncée, telle que le généreux Cabet l'expose dans son *Voyage en Icarie* et dans son *Vrai Christianisme,* telle que tous les cœurs aimans la rèvent ou l'ont rêvée depuis Platon jusqu'à Thomas Morus, et depuis ce dernier jusqu'à nos jours.

Progressistes, à nous l'avenir ! nous en jouirons dans nos enfans, car l'homme ne s'éteint pas tout entier. En attendant, jouissons du présent, et ne nous lassons pas de réclamer nos droits, faisons notre devoir ; acquittons-nous des obligations que nous imposent nos titres de pères, de fils, d'époux, de citoyens, afin que l'on ne puisse rien nous reprocher ; opposons la modération à la violence, la douceur à l'emportement, la dignité à l'insulte, au mépris ; et nous finirons par triompher, par persuader les plus endurcis. Si nous opposions l'injure à l'injure, la colère à la colère, l'égoïsme à l'égoïsme, nous gâterions la justice de notre belle cause ; rendons amour pour haine, service pour outrage. Rappelons-nous sans cesse ces paroles humanitaires que Jésus expirant laissa tomber du haut de la croix : « Pardonnez-leur, mon Père, car ils ne savent ce qu'ils font. »

Parmi tous les adversaires du Communisme, il en est qui sont de bonne foi, qui critiquent sans avoir compris ou par ignorance ; d'autres, comme des perroquets, répètent ce qu'on leur a dit, ce qu'ils ont entendu ; mais le plus grand nombre met de la passion, de la partialité dans ses jugemens ; tous ces censeurs indiscrets sont dangereux, sont coupables, parce que, avant de prononcer sur une question de cette importance, il faut l'avoir étudiée ; il ne faut pas se faire l'écho des mal intentionnés, et, à plus forte raison, il faut être juste avant tout ; il ne faut pas qu'il y ait rien de personnel dans ce que nous disons, dans ce que nous faisons ; les personnalités conduisent à l'égoïsme, à la sordidité, qui rétrécit l'âme, qui fait taire, qui étouffe les sentimens généreux, les sympathies fraternelles que tout homme apporte en naissant, en dépit de Carnéades et de Hobbes, qui soutiennent que l'homme naît mauvais. Ce sentiment impie n'était pas celui de ce grand pape qui a dit : « On est tout ou rien, selon l'éducation qu'on a reçue. » Mirabeau est aussi de ce sentiment, et nous osons, avec tant d'autres, dire que nous pensons absolument comme ces deux grands hommes ; nous croyons qu'il n'y a pas de vices natifs dans le sang ; ni qu'il n'y a pas non plus d'idées innées, comme certains philosophes veulent le soutenir, pour faire croire à l'inégalité de naissance.

Des hommes généreux, éclairés, profonds, mais que l'expérience a rendus sceptiques, croient que le Communisme pèche par sa perfection même, ils disent qu'elle sera toujours un obstacle à son établissement complet, à ce qu'il puisse jamais réaliser tout se qu'il promet. A la bonne heure, au moins ! ceux là ne l'appellent pas *le hideux Communisme,* comme tels et tels que nous pourrions nommer, et bien connus aujourd'hui, non seulement de la France mais de l'Europe entière ; nous aimons mieux entendre le citoyen Lamartine nous dire : *C'est trop beau,* que de prêter l'oreille aux vociférations que d'autres, aveuglés par l'intérêt particulier et le ressentiment irréfléchi, vomissent contre lui. Si vous émettez des sophismes, faites, de grâce, qu'ils soient justes, et dictés par un cœur que la sensibilité égare.

Un ecclésiastique généreux et savant, homme de progrès avant tout, et qui a bien compris son siècle, nous a dit à nous même au sujet du Communisme : « Il ne pourra jamais s'établir parmi nous dans toute la rigueur de ses principes, c'est une belle et séduisante utopie. Le propre de l'homme n'est pas la perfection illimitée, parce qu'il est homme; or, le Communisme est la perfection par essence, puisqu'il n'est autre que le Christianisme. Il faudrait, chez l'homme, plus d'abnégation, plus de désintéressement, moins d'amour du *moi*, pour qu'il consentît à ne posséder jamais que collectivement; et tout le contraire a lieu! Notre humanité n'est pas susceptible d'un parfait perfectionnement, du moins en général, c'est ce qui fait qu'il y aura toujours des individus inégaux en vertus, inégaux en science, inégaux encore au physique et au moral; et pour que nous pussions vivre dans une fraternité parfaite, c'est-à-dire en *Communauté*, il faudrait que Dieu eût établi en nous d'autres conditions d'existence et de tempérament, et cela n'est pas!..... déduisez vous-même les conséquences.

» Quelques hommes d'élite, quelques centaines même, pourront bien vivre en communauté, mais des millions!..... non, il y a trop d'élémens divers.

» Comme il n'y a pas non plus de Chrétiens parfaits, je conclus naturellement qu'il n'y aura pas non plus de parfaits Communistes »

Si c'est là une erreur, cette erreur est belle; mais il ne s'en suit pas que l'homme doive se décourager dans la recherche du souverain bien, doive s'arrêter dans la route du progrès; chaque jour il peut ajouter à ses connaisances, se corriger d'un défaut, d'un vice, se rendre meilleur, et arriver en morale à des résultats prodigieux; il peut même améliorer sa constitution physique par une conduite régulière, un régime modéré, une hygiène bien entendue, et rigoureusement observée. En toutes choses, il ne faut que vouloir : les hommes sages et instruits le savent bien.

Résumons-nous. Si nous ne pouvons être Chrétiens ou Communistes parfaits (ces deux mots sont synonymes), puisque notre nature s'y oppose, soyons-le autant que cela dépend de nous : Dieu n'exige pas que nous portions au-delà de nos forces; par conséquent, la Société ne peut se montrer plus exigeante que lui-même. Entrons sans retard dans la bonne voie, et soyons certains qu'après avoir cheminé plus ou moins de temps, nous arriverons au but, qui est le bonheur auquel nous aspirons tous, ce bonheur sans mélange, sans remords, que goûtent tous ceux dont la conscience est tranquille, tous ceux qu'aucun reproche intérieur ne fatigue.

George Sand l'a dit : Une félicité suprême et qui prend sa source dans une perfection que nous n'avons pas, est impossible sur la terre. Ecoutez-la parler; ses paroles se rapportent à celles que nous avons citées plus haut : « Le but, c'est d'être heureux par la foi et par la gloire d'avoir créé le beau et le bien. Le chemin qui mène à ce but, c'est une alternative de souffrances plus ou moins vives et de satisfactions plus ou moins complètes. La douleur entre dans notre destinée, et *ceux qui veulent s'y soustraire sont des égoïstes*. La douleur est sainte, la douleur est bénie du ciel! non pas la douleur qu'une pensée impie inflige et prescrit à plusieurs *au profit de quelques-uns*, mais la

douleur que chacun accepte *au profit de tous*. C'est là le sacrement
de vie; recevons-le religieusement, et nous nous sentirons ensuite au
niveau des plus grandes choses. »

Le même auteur a dit encore, dans une deuxième lettre au Peuple,
de laquelle nous avons extrait ce qui précède : « De quelque façon qu'on
» s'y prenne, le bonheur absolu n'est pas de ce monde, et tout progrès
» implique un déchirement, une souffrance, un travail. Il est évident que
» nous entrons dans une ère de grands labeurs (1), de grandes émotions,
» et par conséquent de grandes douleurs pour les âmes généreuses.
» Mais quelle est belle et précieuse, ô Peuple ! cette souffrance qui va
» donner la vie aux générations futures ! C'est le travail de l'enfante-
» ment qui brise le sein maternel et qui réjouit la Providence. Oui,
» nous entrons dans une grande époque et qui nous était bien due après
» une si longue et si honteuse inaction ! Ne faiblis pas dans l'accom-
» plissement de tes hautes destinées, Peuple français, initiateur éternel
» des nations civilisées ! et ne te plains pas de ton rôle : c'est le plus
» rude et le plus beau que Dieu ait encore confié à la race humaine.

» Je crois que c'est là ce qu'il faut te dire, à toi, martyr des siècles,
» fils du Christ ! Ils blasphèment également, ceux qui disent que l'homme
» est né *uniquement pour souffrir*. La vérité est que le devoir est de
» souffrir pour une cause sainte, *pour la cause de tous*. Le mensonge,
» c'est de dire, comme Guizot, *qu'il faut éternellement des pau-
» vres* et que le travail est un frein (2).

» Un frein ! quelle infamie de rabaisser au rôle d'instrument de tor-
» ture la tâche chère et sacrée que Dieu a donnée à l'homme ! Non, le
» but de la vie n'est pas la souffrance ! Dieu est trop juste et trop bon
» pour avoir fait du désespoir le terme de cette vie qu'il a placée sous
» l'égide de l'espérance ! »

Uniquement pour souffrir. C'est le dire des riches, c'est-à-dire de
ceux qui souffrent le moins. Selon eux, la terre est une vallée de lar-
mes, un lieu de pélerinage, d'épreuve, d'exil, de mortifications, de privations : on n'est ici-bas que pour souffrir, répètent-ils sans cesse le
jour d'une fête, d'un bal, à la rentrée du spectacle, à la sortie d'un
concert, à l'issue d'un grand dîner, pendant qu'ils digèrent; et cela est
très positif : une digestion laborieuse est la conséquence immédiate d'un
trop copieux et long dîner : alors, ils souffrent, non des tiraillemens
qui résultent d'un jeûne trop forcé, mais du trop plein de l'estomac;
mais c'est encore de la souffrance : c'est Lucullus, le fastueux Lucullus,
qui meurt d'indigestion, pendant qu'un pauvre diable meurt d'inanition.
Voilà comment on endort le Peuple depuis des siècles !

Non, il n'est pas vrai que la souffrance soit absolument le propre de
l'Humanité, de tout ce qui a vie; s'il en était ainsi, la condition humaine serait inférieure à celle des bêtes qui, réduites à elles-mêmes,
dans l'état de pure nature, mangent, boivent, dorment, se reproduisent

---

(1) L'ère du Républicanisme ou du Communisme ; l'un est la conséquence de
l'autre. (R.)

(2) Voici les paroles textuelles de l'ex-ministre : « Le travail pénible, répugnant
et mal rétribué, est pour le Peuple un frein nécessaire. » Quelle infamie ! C'est cette
engeance-là qui fait dire à Jésus-Christ : « Il y aura toujours des pauvres. » (R.)

et passent leur vie dans une liberté entière, parce qu'elles n'ont ni mouchards, ni gendarmes, et, partant, ni juges, ni géôliers, ni bourreaux, comme dans nos tristes civilisations. Elles ont, il est vrai, les espèces antipatiques ; mais elles ont en elles tous les moyens de les éviter, de les sentir, de les combattre ; les faibles sont la proie des plus fortes, mais encore cela entre dans l'arrangement de l'univers, dans l'harmonie de toutes choses. Faut-il conclure de là qu'une partie de l'espèce humaine est née pour être la proie de l'autre ? Cette proposition est si absurde qu'elle se réfute d'elle-même ; nous ne la développerons pas, parce que chacun peut se faire les objections qui la réduisent à néant.

Les hommes seuls connaissent la famine ; partout la Nature produit l'abondance, partout la terre récompense celui qui la travaille, qui lui confie de la semence. La Nature, qui prodigue ses richesses aux animaux, serait-elle donc avare pour l'homme ? Pour qui sont les blés, les fruits, les racines, les légumes, les vignes, les œufs, le laitage et tout enfin ce qui croît au soleil ? Pour qui les animaux ont-ils été créés ? Pourquoi les troupeaux se multiplient-ils si rapidement ? pourquoi les basses-cours sont-elles si peuplées ? pourquoi les plaines sont-elles si vastes, les montagnes si élevées, les vallées si profondes, les mines si riches, les mers, les fleuves si étendus, si remplis de poissons ? Pourquoi l'immensité est-elle partout et la circonférence nulle part, selon l'expression de Pascal, si ce n'est pour que chacun ait sa part de tout, pour que chacun ne soit à l'étroit, pour que tous mangent à souhait, respirent largement, se réjouissent à la vue du soleil en jouissant de tous les biens que Dieu a créés pour ses créatures ? La propriété exclusive est une spoliation ; la propriété collective est la seule admissible, la seule légitime : c'est la seule vraie en morale, la seule qui fait le fondement de toutes les religions basées sur le droit naturel, comme le Christianisme. Tout est à tous, a dit Bossuet : avant lui, après lui, tous les Philosophes radicaux l'ont répété et le répéteront jusqu'à ce qu'enfin finisse la spoliation, l'exploitation de l'homme par l'homme, parce qu'*il n'y a pas de droit contre le droit*, a dit encore Bossuet. Voltaire a voulu dire la même chose, quand il a dit aussi : « La raison finira par avoir raison. »

Arrière donc aux égoïstes, aux concussionnaires, aux avares, aux faux-frères dont l'avidité est insatiable !

Les hommes ressemblent aux Immortels de la mythologie antique ; ils croient n'avoir jamais assez ; leur soif de l'or est inextinguible ; ils sont comme les ivrognes dont le gosier s'altère en raison du vin qu'ils boivent ; et comme les buveurs déterminés, la possession les enivre, les égare, les perd. Ils se bâtissent des demeures comme celles que les Anciens élevaient à leurs dieux ; ils mettent à contribution les carrières de pierre et de marbre ; les bois rares, les peintures précieuses, les dorures sont prodiguées dans ces fastueuses demeures, qui sont encore neuves quand leurs maîtres ne sont plus ; on les entend dire : *Mon* palais, *mon* château, *mes* maisons, *mes* jardins, *mes* terres, *mes* rentes, etc. ; et plus ils parlent d'abondance, de richesses, plus des multitudes végètent, languissent, s'étiolent, faute d'air, d'espace, de nourriture ; faute de loisir aussi ; car le travail forcé épuise l'homme, et hâte une existence qui ne peut résister aux privations et aux insomnies.

« Quelle manie, dit J.-J. Rousseau, à un être aussi passager que l'homme de regarder toujours au loin dans un avenir qui vient si rarement, et de négliger le présent dont il est sûr ! »

N'est-ce pas dire qu'il faut jouir modérément, qu'il faut se contenter de peu? Quand l'homme s'agite comme un démoniaque pour amasser des biens dont il n'a nul besoin, puisque le superflu est toujours inutile, il empoisonne sa vie, et meurt souvent quand il croit jouir. L'avenir n'est pas à nous; le présent est à peine notre domaine ; jouissons donc du présent, renonçons au désir de nous enrichir; vivons avec nos frères dans une douce intimité, acceptons la solidarité qui résulte de l'association humaine, de la Communauté enfin.

Qui est-ce qui est Communiste? « Est Communiste l'homme probe,
» laborieux, rangé, qui cherche les occasions de se rendre utile à ses
» semblables et qui les aime parce qu'ils sont hommes. Celui-là pratique
» la Communauté d'instinct, et vaut mieux que ceux qui se contentent de
» la prêcher.

» Est Communiste, sans le savoir et sans le croire, le philosophe sin-
» cère qui prend pour base de ses travaux la solidarité humaine.

» Est Communiste.... Mais hélas ! qu'il en est peu de vrais Commu-
» nistes ! Moi-même qui tiens cette plume, à mesure que j'écris, que je
» cherche, que je scrute, que je m'examine, je m'effraie et je me de-
» mande si je suis en état de prêcher la Communauté. »

Nous avons abrégé cette définition d'un vrai Communiste qui est beaucoup plus étendue ; nous avons cité des passages saillans, mais pas autant que nous l'aurions voulu. Nous recommandons la lecture de ce petit livre.

Comme appendice de ce qui précède, nous allons donner la traduction de quelques lignes de *La Fraternidad*, journal communiste espagnol publié à Barcelone, mais que le gouvernement absolu d'Isabelle vient de mettre à bas. (Numéro 8, 26 décembre 1847.)

Doctrine Communiste. « Quelle est votre science ? — La Fraternité. — Quel est votre principe? — La Fraternité. — Quelle est votre
doctrine? — La Fraternité. — Quelle est votre théorie ? — La Fraternité. — Quel est votre système? — La Fraternité.

» Les Communistes actuels sont les plus purs disciples, les imitateurs, les continuateurs de la doctrine de Jésus-Christ.

» Respectez cette doctrine, pour l'amour de Jésus-Christ. Examinez-la, étudiez-la. Ne dépréciez pas le Communisme.

» Ne dites pas que le Communisme est la loi agraire, parce que c'est tout le contraire; il n'y a aucune répartition, aucun partage.

» Ne dites pas que le Communisme est la spoliation, parce que c'est une calomnie de ses ennemis.

» Ne dites pas que le Communisme est la violence, parce que seul il invoque la discussion, par laquelle il arrive à la persuasion, par laquelle il conquiert l'opinion publique, pour arriver à la domination univer-
selle » (1).

Le Communisme s'occupe avec une sollicitude toute spéciale du sort

____

(1) Nous avons cité de mémoire.

à venir de la femme, de cet être si malheureux, si exploité par l'homme,
son complément naturel; cet être, disons-nous, qui entend, quand il
est jeune et beau, le ramage séducteur du démon qui le pousse dans
l'abîme de la volupté, pour l'abandonner ensuite, quand il a infiltré
dans son âme et dans ses sens le poison de la corruption physique et
morale.

C'est quand la femme est vieillie et usée, qu'elle est surtout à plain-
dre ! Alors, si elle n'a pas su mettre à profit le produit de ses prostitu-
tions, quand elle avait des *appas* (qui quelquefois sont un *appât*, il faut
bien le dire), ce qui arrive presque toujours, elle s'éteint de misère,
dans la solitude d'un galetas. Ainsi, les grâces dont la Nature l'avait pa-
rée pour son bonheur, tournent à son préjudice d'abord, et ensuite à
celui de son séducteur, parce qu'une méchante action a toujours des
suites fâcheuses.

Il n'en serait pas de même si la Société était mieux constituée, si le
Communisme ou la Solidarité entre les hommes était quelque peu prati-
quée. Mais nous avons la République, espérons qu'avec le temps elle
nous conduira à la Communauté évangélique, à la pratique de tout ce
qui est juste.

Madame Aglaé Adanson, auteur d'un ouvrage qui a pour titre : *la
Maison de Campagne*, parle ainsi de l'injustice des hommes à l'égard
des vieilles femmes :

« Toutes les vieilles femmes de roman sont des *sorcières*, des péché-
» resses couvertes de crimes, des objets de terreur voués à la malédic-
» tion, à la misère et à la faim ; rien que leur rencontre porte malheur.
» O ingratitude des hommes et injustice du plus fort, du plus heureux!
» Pendant neuf mois, nous vous portons dans notre flanc avec souffrance,
» nous vous allaitons de notre sein, nous vous couvrons de l'égide de
» notre corps et de notre tendresse *tant que vous êtes faibles et criards.*
» C'est de nous que vous retirez vos plus douces jouissances, et vous
» nous foulez aux pieds dès que vous avez épuisé les dons de notre
» amour et de notre sollicitude. »

L'homme, orgueilleux de sa force et de son sexe, faisant tout rappor-
ter à lui, ne recherchant la femme que pour sa satisfaction sensuelle, est
à son égard, d'une injustice, d'une méchanceté souvent révoltantes ;
mais s'il calomnie quelquefois sa victime, c'est bien autre chose quand
il n'a pu triompher de sa vertu !

J. Lesguillon dit quelque part : « Il y a quelque chose qu'un homme
» méprise plus que la femme qu'il a possédée, c'est celle qu'il n'a pu
» avoir. »

Bussi-Rabutin se vengea par la calomnie des rigueurs de sa belle cou-
sine, Madame de Sévigné : c'est l'histoire de tous les galantins.

« Dupaty voit la femme dans la rose. »

Cette comparaison de la femme à la rose est une des figures de rhé-
torique les plus anciennes ; elle a précédé Homère ; mais son ancienneté
ne lui ôte rien de sa fraîcheur. Toutefois, cette comparaison de la femme
aux fleurs, toute riante qu'elle soit, a quelque chose d'attristant ; si les
fleurs sont délicates et éphémères, les femmes leur ressemblent encore

de ce côté ; les belles filles ressemblent aux belles fleurs ; les unes et les autres se fanent avec le temps :

> Comme elles vous charmez,
> Vous passerez comme elles.

a dit un poète aux femmes :

Mais les hommes, qui ne sont pas des fleurs, sont-ils mieux privilégiés? Hélas ! non, ils meurent aussi, heureusement pour eux, après s'être fanés longtemps avant l'heure suprême ; ils meurent, heureusement pour eux. Que feraient-ils sur la terre, quand les fleurs n'y sont plus ? Ils meurent, mais seulement quelques printemps après les pauvres fleurs ; voilà bien de quoi être si fier, si suffisant de sa force et de sa santé !

C'est ainsi que la mort nivelle tout, rend tout égal, tout.

« Tous les auteurs romantiques, dit encore Mme Aglaé Adanson, se
» sont plus à nous représenter des vieillards intéressants et aimables jus-
» qu'au dernier moment de leur existence ; mais jamais ils n'ont eu l'idée
» d'en faire autant pour une *vieille femme*, comme si nous ne devions
» être considérées que sous le rapport de la jeunesse et de la beauté,
» semblables à ces chiffons de mode qu'on jette au coin de la borne dès
» qu'ils ont perdu leur première fraîcheur.

» J'ai lu quelque part que lorsqu'on a tenu longtemps à la main une
» fleur, on est tout prêt à la jeter. Pauvres femmes, vous êtes des fleurs!»

Le Communisme est le salut de tous, de l'homme comme de la femme : mais cette dernière a surtout besoin que ses maximes de douceur et de justice s'établissent parmi nous.

Autrefois on nous menaçait des *chauffeurs* (ce qui n'était pas sans réalité) ; plus tard, on disait : gare les *républicains* ! Mais comme on a vu *qu'ils ne sont pas aussi diables qu'ils sont noirs*, on s'est rabattu sur les Communistes, parce qu'il faut qu'après un épouvantail il en survienne toujours un autre, afin de tenir en haleine les peureux qui voient des croquemitaines partout. Si l'on parvient jamais à rassurer les trembleurs sur les Communistes, qu'est-ce qui surgira après eux? Ma foi ce sera ce que l'on voudra, cela ne nous importe guère : occupons-nous du présent d'abord, selon la maxime égoïste reçue en Société: après nous le déluge.

Chauffeurs et Républicains, pardon de l'assimilation, maintenant on est convaincu que ces derniers sont de fort bonnes gens, ne demandant que leur pain quotidien et leur liberté. Mais ces odieux Communistes! ah! ne m'en parlez pas! gens de sac et de corde, voulant tout..... croquer comme les rominagrobis, l'Alexandre des chats de La Fontaine, *qui voulait de souris dépeupler tout le monde*, ainsi sont les Communistes! Messieurs les riches, ouvrez vos bourses, exécutez-vous, partagez! ou sinon!..... gare les Chauffeurs-Communistes (ces deux mots n'en doivent plus faire qu'un.)

Cachez aussi vos femmes et vos filles, puisqu'il n'y a parmi eux ni *mariage* ni *famille*, et que *tout doit y être égal*. Avec des principes aussi subversifs, la Société, si on n'étouffait cette engeance maudite, descendue sans doute en droite ligne de Caïn, serait bouleversée jusque dans ses fondemens. Alerte donc, sonnez le tocsin ! tirez le canon d'alarme! criez haro sur ces intrus! chassez ces quidams! et puis vous proclamerez tous, corrupteurs et corrompus, calomniateurs et trompés, que vous avez sauvé la République, menacée par ceux qui voulaient le *partage,* la *loi agraire.* Mais cependant, si, malgré tous vos efforts, vous ne pouviez parvenir à les anéantir!... Dieu! quel malheur! l'Humanité en frémit par avance!...

Comme votre frayeur est digne de pitié, nous allons tâcher de la dissiper par ces paroles que vous adresse une femme que vous connaissez bien, qui n'est point ogresse, quoiqu'elle se dise *Communiste,* une femme, qui est douée d'une physionomie heureuse, dont les traits remarquables annoncent la beauté et la bonté de son âme; une femme qui a fait de fort bons livres que vous lisez dans vos salons, au coin de votre feu l'hiver, et l'été sous vos bosquets fleuris; cette femme de mérite, dont nous voulons vous parler est Georges Sand, enfin; écoutez-la bien :

« Le Communisme ne vous menace point. Il vient de donner des
» preuves signalées de sa soumission légale à l'ordre établi, en procla-
» mant son adhésion à la jeune République. Il a beaucoup d'organes
» différens, car c'est à l'état d'aspiration qu'il a le plus d'adeptes. Il en
» a jusque parmi les riches, il en a chez toutes nations et à tous les étages
» de la science et de la hiérarchie sociale; il y en a qui ne sont point
» enrégimentés sous une bannière d'organisation; qui ne font partie
» d'aucune secte, parce qu'ils n'en trouvent pas la formule satisfaisante
» et qu'ils aiment mieux conserver dans leur âme un idéal pur, que de
» s'exposer à des essais infructueux. Ceux-là aussi ont une foi inébran-
» lable; et s'ils avaient encore cent ans à vivre sous un Louis-Philippe,
» ils mourraient avec la même conviction; car le Communisme, *c'est le*
» *vrai Christianisme,* et une Religion de fraternité *ne menace ni la*
bourse, ni la vie de personne.

» Qu'ont-ils donc fait pour vous épouvanter ? Rien, en vérité, et vous
» êtes troublés par un cauchemar. »

— « Le pauvre sait souffrir et attendre, il se passera plutôt de travail
» et de pain que vous ne vous passerez de luxe et d'aisance. » Ainsi, puisque le pauvre sait attendre, qu'il a l'habitude des privations, il ne veut donc pas vous piller; restez donc calmes, et jouissez de votre aisance; mais n'entravez pas par vos calomnies ceux qui veulent aussi améliorer leur sort, puisque c'est une loi de Nature que tous les hommes tendent au plaisir; or, les Communistes sont hommes comme vous, vos semblables; tendez-leur donc une main fraternelle.

G. RABEYRIN, P_{ROFESSEUR}.

Lyon, le 15 avril 1848.

Se trouve au Bureau du *Populaire,* à Paris, rue J.-J.-Rousseau, n° 18, et chez tous les correspondans du *Populaire* dans les départemens.

LE POPULAIRE,

DIRIGÉ PAR LE CITOYEN CABET,

Sera désormais imprimé à Paris, et paraîtra 2 fois par semaine,

LE DIMANCHE ET LE JEUDI.

Il sera porté aux Abonnés, crié et vendu publiquement.

18, rue J.-J. Rousseau.

Typographie FÉLIX MALTESTE ET Ce, rue des Deux-Portes-Saint-Sauveur, 18.